48 Black-Line Masters

French Crossword Puzzles

R. de Roussy de Sales

National Textbook Company
a division of *NTC Publishing Group* • Lincolnwood, Illinois USA

Published by National Textbook Company, a division of NTC Publishing Group.
©1991 by NTC Publishing Group, 4255 West Touhy Avenue,
Lincolnwood (Chicago), Illinois 60646-1975 U.S.A.
All rights reserved. No part of this book may be reproduced, stored
in a retrieval system, or transmitted in any form or by any means,
electronic, mechanical, photocopying, recording or otherwise, without
the prior permission of NTC Publishing Group.
Manufactured in the United States of America.

0 1 2 3 4 5 6 7 8 9 VP 9 8 7 6 5 4 3 2 1

PREFACE

Start a crossword puzzle and you will soon see how a few right answers will encourage you to keep working until all the blanks are filled. The puzzles in *French Crossword Puzzles* are fun as well as instructive. They can be used for individual or classroom activities, quizzes, or club competitions. To help solve the puzzles, many of the definitions in each puzzle are related to a theme suggested by the drawing or patterns formed by the black and white squares.

The forty-eight puzzles in this collection are arranged in order of difficulty. Beginners will find simple puzzles with clues in English in the first half of the book, while more advanced students will be challenged by the puzzles with French clues in the second half of the book. These puzzles will test students' knowledge of grammar, geography, history, literature, and science, as well as vocabulary. With *French Crossword Puzzles,* students at all levels will enjoy the challenge of solving a puzzle while they review and develop their French skills.

Contents

Answer Key

Puzzles

1. Assis
2. Debout
3. Il court
4. La lettre "X"
5. Le diamant
6. L'arc de triomphe
7. L'apôtre
8. La croix
9. A table
10. La guillotine
11. Le rectangle
12. Le dromadaire
13. Qu'est-ce que c'est?
14. Les grands hommes
15. Abstraction
16. Les rois de France
17. Le château fort
18. Le vitrail
19. Le cochon assis
20. La chienne
21. La spirale
22. L'automobile
23. Le machin
24. Français-anglais
25. Le huit
26. La poupée
27. Le chien
28. Le mechant loup
29. Pour les chimistes
30. Monsieur
31. La locomotive
32. Le chien savant
33. Le pot de fleurs
34. Le coq
35. Le chameau
36. Armoiries de France
37. La carte
38. Symétrie
39. Rien du tout
40. Le parapluie
41. Le château
42. Le Rochambeau
43. L'œuf
44. Le chien qui prie
45. La femme de Napoleon III
46. Le taureau
47. Le cheval
48. L'escalier

Answer Key

1. **ASSIS Across:** 2 tu; 4 ont; 6 et; 7 ciel; 9 se; 10 dos; 13 ta; 14 ira. **Down:** 1 vendredi; 2 tôt; 3 un; 5 tableau; 8 est; 11 or; 12 sa.

2. **DEBOUT Across:** 1 est; 4 sou; 5 regarde; 9 été; 10 osa; 13 ans; 14 non. **Down:** 1 es; 2 soldats; 3 tu; 5 rouge; 6 géographies; 7 réalisation; 8 entre; 11 va; 12 un.

3. **IL COURT Across:** 1 eau; 2 vu; 3 lu; 5 bas; 7 vin; 8 été; 10 jaune. **Down:** 3 lit; 4 une; 6 six; 7 vert; 9 peu.

4. **LA LETTRE "X" Across:** 1 aller; 6 ait; 8 va; 10 se; 11 riz; 12 bon; 13 il; 15 ne; 16 oie; 18 prête. **Down:** 2 la; 3 lit; 4 et; 5 avril; 7 mener; 9 ail; 10 son; 14 vie; 16 or; 17 et.

5. **LE DIAMANT Across:** 1 dur; 5 sot; 7 tôt; 9 mener; 11 eu; 12 ri; 13 livre; 15 sur; 16 etc; 18 jus. **Down:** 2 un; 3 nom; 4 cor; 6 tenir; 7 terre; 8 mer; 10 lit; 13 lui; 14 été; 17 vu.

6. **L'ARC DE TRIOMPHE Across:** 1 main; 4 rare; 8 ail; 10 sol; 11 ir; 12 mer; 13 il; 16 si; 17 an; 20 ou; 22 sur; 24 ci; 25 une; 27 blé; 28 tête; 29 quel. **Down:** 1 mais; 2 air; 3 il; 5 as; 6 roi; 7 elle; 9 je; 14 vie; 15 bas; 18 tout; 19 ciel; 21 une; 23 un; 24 clé; 26 et; 27 bu.

7. **L'APOTRE Across:** 1 sept; 3 sorte; 8 désert; 9 maison; 12 si; 13 ouvert; 14 peu; 15 ruminer; 16 mêler; 18 étui; 19 créature; 21 gris; 23 cinéma. **Down:** 1 Simon; 2 poivre; 3 sentir; 4 os; 5 respecter; 6 trier; 7 et; 8 dorment; 10 au; 11 seul; 16 merci; 17 fils; 18 erg; 20 âge; 22 il.

8. **LA CROIX Across:** 1 août; 4 tuer; 8 pois; 10 nain; 12 rue; 13 sot; 15 ure; 16 et; 17 rater; 19 eu; 20 bec; 21 ses; 23 lav; 24 car; 26 sel; 28 tic; 30 il; 32 rivet; 34 ma; 35 eau; 37 nul; 38 mes; 39 rire; 41 lame; 42 dent; 43 baie. **Down:** 1 août; 2 oie; 3 us; 5 un; 6 eau; 7 rire; 8 prêt; 9 tôt; 11 neuf; 13 sac; 14 tes; 17 rêver; 18 récit; 20 bas; 22 sac; 25 nier; 27 lin; 28 tel; 29 rasé; 31 laid; 33 vue; 34 même; 36 ure; 38 mai; 40 en; 41 la.

9. **A TABLE Across:** 2 appartement; 5 état; 8 lent; 9 tu; 11 bu; 13 en; 14 an; 15 le; 16 se. **Down:** 1 asseoir; 2 âge; 3 tôt; 4 chaises; 6 trois; 7 table; 8 lampe; 9 tel; 10 une; 11 bas; 12 une.

10. **LA GUILLOTINE Across:** 1 rose; 4 cher; 8 hâte; 9 et; 11 avec; 12 mer; 13 né; 14 lit; 15 dans; 16 étés; 18 est; 19 ent; 20 su; 22 bec; 24 an; 25 cri; 26 rang; 27 Asie. **Down:** 1 ramasser; 2 ôtent; 3 sers; 5 hâlé; 6 évite; 7 retendre; 9 en; 10 te 15 dé; 17 St; 20 sa; 21 un; 23 ça; 25 ci.

11. **LE RECTANGLE Across:** 1 sud; 3 port; 6 où; 7 insulte; 10 avoir; 11 a; 12 voir; 13 noir; 15 cuir; 16 cou. **Down:** 2 vouloir; 3 pouvoir; 4 tuer; 5 si; 8 savoir; 9 tir; 13 nu; 14 mou.

12. **LE DROMADAIRE Across:** 2 têtes; 6 états; 8 mou; 10 tasse; 12 dansera; 14 lu; 16 assurera; 18 nom; 20 cri; 22 ce; 23 ses; 24 un; 25 je. **Down:** 1 essentiel; 2 te; 3 et; 4 ta; 5 et; 7 bossu; 8 Mans; 9 user; 10 tas; 11 ère; 12 dame; 13 arcs; 15 un; 17 are; 19 occasion; 21 Isabelle.

13. **QU'EST-CE QUE C'EST? Across:** 1 février; 7 atout; 8 brisant; 10 recaler; 11 ira; 12 défi; 13 égoïste. **Down:** 1 fabrique; 2 être; 3 voici; 4 rusa; 5 Italiens; 6 retraite; 9 nerf.

14. **LES GRANDS HOMMES Across:** 3 Pasteur; 7 Molière; 8 ami; 9 procès; 12 huit; 14 adorer; 15 guérir. **Down:** 1 salir; 2 vue; 3 Pompidou; 4 si; 5 te; 6 erreur; 7 ma; 10 chéri; 11 si; 13 toit.

15. **ABSTRACTION Across:** 1 mer; 4 laver; 8 usa; 9 uni; 10 son; 12 vendredi; 14 merci; 15 et; 16 me; 17 attendrir. **Down:** 1 mur; 2 es; 3 raser; 4 lundi; 5 an; 6 vite; 7 réciter; 11 oncle; 12 vert; 13 demi.

16. **LES ROIS DE FRANCE Across:** 1 bon; 3 les; 6 au; 7 haute; 9 loin; 10 comment; 12 rhume; 13 oie; 14 sel; 16 jus; 17 aile. **Down:** 1 bas; 2 où; 3 lune; 4 et; 5 sept; 7 homme; 8 aime; 9 Louis; 10 chou; 11 Noël; 14 si; 15 le.

17. **LE CHATEAU FORT Across:** 2 ont; 3 vu; 4 chien; 8 chanter; 10 ai; 17 zèle; 12 dira; 14 vous; 16 os; 17 veuve; 18 vieille; 19 pour; 20 il; 21 tous; 22 tour. **Down:** 1 jouet; 3 vin; 4 chaise; 5 haïr; 6 nez; 7 pleuvoir; 9 rêve; 12 doigt; 13 ailes; 15 seul; 17 vent.

18. **LE VITRAIL Across:** 4 bien; 5 là; 7 savon; 9 ail; 10 ère; 11 soie; 13 ingratitude; 16 brun; 17 mis; 18 le; 19 car; 20 écume; 22 six; 23 osa; 24 rond; 25 diable; 27 melon; 28 livre; 29 fête; 30 étui. **Down:** 1 dîner; 2 inestimable; 3 va; 4 borgne; 5 lait; 6 aïeul; 7 su; 8 venu; 12 Oise; 13 irriter; 14 amusa; 15 dernier; 16 bas; 21 coin; 24 rêve; 25 dort; 26 lits; 29 fin.

19. **LE COCHON ASSIS Across:** 2 ton; 4 rien; 6 cheveux; 8 ouir; 9 treize; 11 route; 12 pour; 13 sue. **Down:** 1 poivre; 2 treize; 3 née; 5 nu; 6 cœur; 7 huit; 9 trou; 10 roue; 12 PS.

20. **LA CHIENNE Across:** 2 tête; 4 oc; 6 me; 7 or; 8 assis; 10 écrasé; 13 lent; 16 menu; 18 locutions; 19 le; 20 tué; 21 et; 22 il. **Down:** 1 vers; 2 tes; 3 toi; 5 chienne; 6 ma; 9 sel; 10 etc.; 11 amitié; 12 Séoul; 14 elles; 15 Noël; 17 U.S.

21. **LA SPIRALE Across:** 1 à; 2 tir; 4 suite; 5 serpent; 7 escargots; 8 nettoiement; 10 représentants; 11 divertissements; 13 accidentellement. **Down:** 2 ta; 3 roue; 5 salles; 6 toujours; 8 nourriture; 9 travailleurs; 11 désillusionner; 12 systématiquement.

22. **L'AUTOMOBILE Across:** 1 va; 3 adieu; 7 bougie; 9 as; 10 vilebrequin; 12 vida; 13 su; 14 donc; 15 sexe; 16 lent; 17 pneu. **Down:** 1 volant; 2 Aue; 3 air; 4 déesse; 5 eau; 6 usine; 7 bidon; 8 G.B.; 10 vide; 11 queue.

23. **LE MACHIN Across:** 1 fleuve; 6 jamais; 9 en; 10 amour; 11 art; 12 route; 13 te; 14 dur; 15 lit; 16 iris; 18 page; 19 néroli; 21 exception. **Down:** 1 faut; 2 lire; 3 es; 4 vertige; 5 entêté; 6 jardin; 7 amoureux; 8 mourir; 15 la; 17 sole; 18 pi; 20 un.

24. **FRANCAIS-ANGLAIS Across:** 1 or; 2 sale; 5 son; 6 pain; 7 if; 9 grave; 10 rue. **Down:** 2 son; 3 an; 4 eiffel; 5 singe; 6 pour; 8 car.

25. **LE HUIT Horizontalement:** 1 feu; 3 âge; 5 noms; 8 ne; 10 sa; 11 as; 12 etc.; 13 une; 14 te; 15 je; 17 en; 18 tête; 20 eau; 21 tué. **Verticalement:** 1 fenêtre; 2 un; 3 as; 4 essence; 6 os; 7 ma; 9 été; 11 âne; 15 je; 16 et; 18 tu; 19 et.

26. **LA POUPEE Horizontalement:** 1 rien; 4 Normandie; 8 Eve; 11 an; 12 du. **Verticalement:** 1 riz; 2 nez; 3 ma; 4 nu; 5 mille; 6 nièce; 7 et; 9 main; 10 pied.

27. **LE CHIEN Horizontalement:** 1 si; 2 non; 5 une; 6 né; 8 idée; 10 os; 11 te; 12 es; 13 la; 14 du; 16 on; 17 se. **Verticalement:** 2 nuit; 3 onde; 4 née; 6 Noël; 7 essayé; 9 écrire; 14 dos; 15 une.

28. **LE MECHANT LOUP Across:** 2 peach; 3 wolf; 5 teeth; ---- 2 pêche; 3 loup; 5 dents. **Down:** 1 apple; 3 wash; 4 foot; 6 short; ---- 1 pomme; 3 lave; 4 pied; 6 court.

29. **POUR LES CHIMISTES Horizontalement:** 1 localiser; 8 eu; 9 nul; 10 sa; 11 ta; 13 H; 14 C; 15 si; 16 Eve; 17 S.O.S.; 18 me; 19 O; 20 P; 21 U.S.; 23 no; 25 oui; 27 on; 28 transfert. **Verticalement:** 1 lentement; 2 ou; 3 an; 4 lui; 5 il; 6 es; 7 ravissant; 12 ave; 15 sou; 22 jus; 24 or; 25 on; 26 if; 27 or.

30. **MONSIEUR Horizontalement:** 1 et; 3 le; 5 rusé; 6 et; 7 raccommode; 10 se; 11 en; 12 et; 13 tasses; 15 âne; 16 île. **Verticalement:** 1 élue; 2 testaments; 4 hier; 8 osées; 9 elle; 13 tante; 14 servi.

31. **LA LOCOMOTIVE Horizontalement:** 3 face; 5 buvard; 9 amener; 10 Liberté; 13 Egalité; 14 fil; 16 seller; 17 le; 18 énergie. **Verticalement:** 1 cave; 2 père; 3 fumée; 4 canif; 5 battre; 6 drôle; 7 tige; 8 belle; 10 les; 11 bal; 12 rien; 15 île.

32. **LE CHIEN SAVANT Horizontalement:** 1 bonne; 3 année; 7 vieux; 8 créera; 11 ici; 12 lui; 13 te; 14 et; 16 la; 18 lit; 20 lu; 21 Iran; 22 et; 23 éon; 24 ne; 25 rit; 26 tu; 27 rêve. **Verticalement:** 1 bachelier; 2 Noël; 3 ai; 4 ne; 5 nuit; 6 excellent; 7 va; 9 eux; 10 ri; 15 tiroir; 17 auteur; 19 tante.

33. LE POT DE FLEURS Horizontalement: 2 tante; 5 mer; 6 chérie; 8 heure; 9 je; 10 causer; 11 or; 12 très; 13 dur; 14 tuée. **Verticalement:** 1 marier; 2 terres; 4 enterre; 5 Meuse; 6 chat; 7 heure; 9 joue; 13 du.

34. LE COQ Horizontalement: 2 si; 4 ou; 6 il; 8 nu; 9 président; 15 en; 16 alité; 17 se; 18 un; 19 et; 20 os; 22 Raoul; 24 le; 25 os; 27 cor; 28 la; 29 oui; 30 il; 32 rie; 33 si; 34 bu; 36 Etienne. **Verticalement:** 1 poulet; 3 lf; 5 fines; 7 lunetterie; 9 pu; 10 sa; 11 île; 12 dit; 13 et; 14 ne; 18 usa; 20 or; 21 su; 23 Louise; 24 Louise; 26 jambe; 27 cor; 31 lit; 35 un.

35. LE CHAMEAU Horizontalement: 2 accents; 8 chameau; 9 charmant; 10 chantent; 11 attester. **Verticalement:** 1 femmes; 2 achat; 3 chant; 4 carte; 5 néant; 6 tante; 7 sut; 9 chat.

36. ARMOIRIES DE FRANCE Horizontalement: 1 dé; 3 nez; 5 bu; 7 usa; 9 tas; 10 tir; 11 fus; 14 ir; 15 ma; 18 feu; 19 cet; 21 lit; 23 sur; 25 as; 26 art; 27 ai. **Verticalement:** 1 dû; 2 est; 4 et; 5 bas; 6 us; 8 ail; 9 tut; 12 rit; 13 mât; 16 net; 17 ces; 18 fis; 20 tua; 21 là; 22 or; 24 ri.

37. LA CARTE Horizontalement: 2 sec; 5 os; 7 compositeur; 11 aube; 12 célébrer; 14 Europe; 15 Amérique; 21 net; 22 nu; 23 rez. **Verticalement:** 1 as; 3 cœur; 4 robe; 6 su; 8 ma; 9 puce; 10 sel; 13 été; 15 an; 16 mer; 17 été; 18 il; 19 un; 20 eu.

38. SYMETRIE Horizontalement: 1 fenêtre; 6 été; 7 on; 9 or; 10 monnaie; 11 an; 12 en; 13 are; 15 essence. **Verticalement:** 1 fromage; 2 ne; 3 étendre; 4 te; 5 étrenne; 8 non; 9 oie; 13 as; 14 en.

39. RIEN DU TOUT Horizontalement: 1 cheval; 6 bois; 7 si; 8 rue; 10 après; 11 jeudi; 13 haut; 14 essence. **Verticalement:** 1 coup; 2 hier; 3 es; 4 as; 5 libraire; 6 branche; 9 issu; 11 jus; 12 été.

40. LE PARAPLUIE Horizontalement: 1 roi; 2 plu; 4 mains; 6 certain; 8 ira; 9 prise; 11 lame; 12 fusil; 13 Eve; 15 an. **Verticalement:** 1 remplit; 2 parapluie; 3 unanimité; 4 mer; 5 si; 6 cil; 7 née; 10 sel; 14 vent.

41. LE CHATEAU Horizontalement: 3 ferme; 6 chapeau; 7 ira; 8 marquise; 11 tous; 12 oui; 13 feu; 14 N.-S.; 15 agir; 17 sel; 18 duel. **Verticalement:** 1 gare; 2 heureuse; 3 fa; 4 épouser; 5 maisons; 6 château; 9 rouge; 10 qu; 15 il.

42. LE ROCHAMBEAU Horizontalement: 1 pu; 3 an; 5 voyant; 11 pénurie; 13 vacante; 17 olive; 19 va; 21 mère; 22 mai; 23 le; 24 dos; 25 est; 26 lame; 27 si; 28 rues. **Verticalement:** 1 paye; 2 unanime; 6 opéra; 7 nu; 8 trois; 9 œil; 10 une; 12 il; 14 âme; 15 ces; 16 art; 18 ver; 19 vos; 20 as; 24 de.

43. L'ŒUF Horizontalement: 1 cher; 4 chapeau; 8 châteaux; 9 aimant; 10 trous. **Verticalement:** 1 céans; 2 haut; 3 eux; 4 chatte; 5 haïr; 6 atmosphère; 7 peau.

44. LE CHIEN QUI PRIE Horizontalement: 1 Bonne Année; 9 aveugle; 10 VI; 11 loger; 12 an; 13 lue; 14 ne; 15 être; 16 or; 17 dur; 18 mer; 19 ma; 21 île; 22 rateau. **Verticalement:** 1 bavarder; 2 ovin; 3 ne; 4 nulle; 5 égout; 6 Alger; 7 née; 8 enterrer; 14 Noël; 18 mi; 19 ma; 20 au.

45. LA FEMME DE NAPOLEON III Horizontalement: 1 octobre; 8 rouvrit; 9 eu; 10 auto; 11 Italien; 13 léser; 14 la; 15 me; 16 Eugénie. **Verticalement:** 1 oreille; 2 couteau; 3 tu; 4 ovale; 5 bruir; 6 rite; 7 étonnée; 12 as; 15 mi.

46. LE TAUREAU Horizontalement: 2 tu; 3 février; 7 pi; 9 air; 10 oser; 12 crémière; 13 cher; 14 nez; 15 bas. **Verticalement:** 1 vue; 2 tirer; 3 fou; 4 vache; 5 rire; 6 roi; 7 père; 8 irez; 11 sens.

47. LE CHEVAL Horizontalement: 2 ce; 3 dos; 4 J.-C.; 6 cou; 7 nord; 9 irrégulier; 13 si; 14 craie; 15 rager; 16 rive; 17 ne; 18 te; 19 soir. **Verticalement:** 1 très; 2 courir; 3 dois; 4 jolie; 5 crier; 7 nuage; 8 de; 10 écrit; 11 grave; 12 rêver; 17 ni.

48. L'ESCALIER Horizontalement: 1 ri; 2 te; 3 cher; 4 miel; 5 jamais; 7 fenêtre; 8 bout; 9 jaune; 10 fardeau; 11 Tudor; 12 retenez; 13 ré. **Verticalement:** 1 reélire; 2 théâtre; 3 cime; 4 manteau; 5 jeune; 6 se; 7 foudre; 8 baron; 9 jade; 10 fût; 11 te.

1. ASSIS

Across

2. You.
4. (They) have.
6. And.
7. Sky.
9. Oneself.
10. The back.
13. Your.
14. (He) will go.

Down

1. Friday.
2. Early.
3. One.
5. A picture.
8. Is.
11. Gold.
12. His.

2. DEBOUT

Across

1. East.
4. Old French coin.
5. Look.
9. Summer.
10. (He) dared (passé simple).
13. Years.
14. No.

Down

1. (You) are.
2. Soldiers.
3. You.
5. Red.
6. Geographies.
7. Realization.
8. Between.
11. (She) goes.
12. A number from 1 to 10.

©NTC Publishing Group

3. IL COURT

Across

1. Water.
2. Seen.
3. Read.
5. Low.
7. Wine.
8. Summer.
10. Yellow.

Down

3. Bed.
4. One.
6. Six.
7. Green.
9. Not much.

4. LA LETTRE "X"

Across

1. To go.
6. Third person singular imperfect tense ending.
8. Go!
10. Himself.
11. Rice.
12. Good.
13. He.
15. Not.
16. Goose.
18. (She) lends.

Down

2. Feminine article.
3. Bed.
4. And.
5. A month.
7. To lead.
9. Garlic.
10. Sound.
14. Life.
16. Gold.
17. And.

5. LE DIAMANT

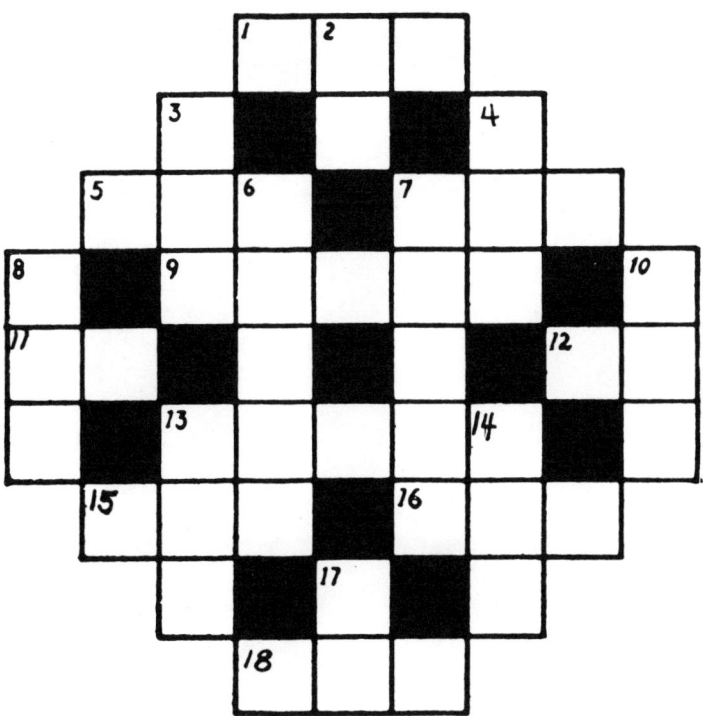

Across

1. The opposite of *soft*.
5. Stupid.
7. Early.
9. To conduct.
11. Past participle of *to have*.
12. Past participle of *to laugh*.
13. What a person can read.
15. Upon.
16. And so forth.
18. Juice, gravy.

Down

2. A number from 1 to 10.
3. That by which we are called.
4. Hunting horn.
6. To hold.
7. Earth.
8. Sea.
10. Bed.
13. Him.
14. A season.
17. Seen.

©NTC Publishing Group

6. L'ARC DE TRIOMPHE

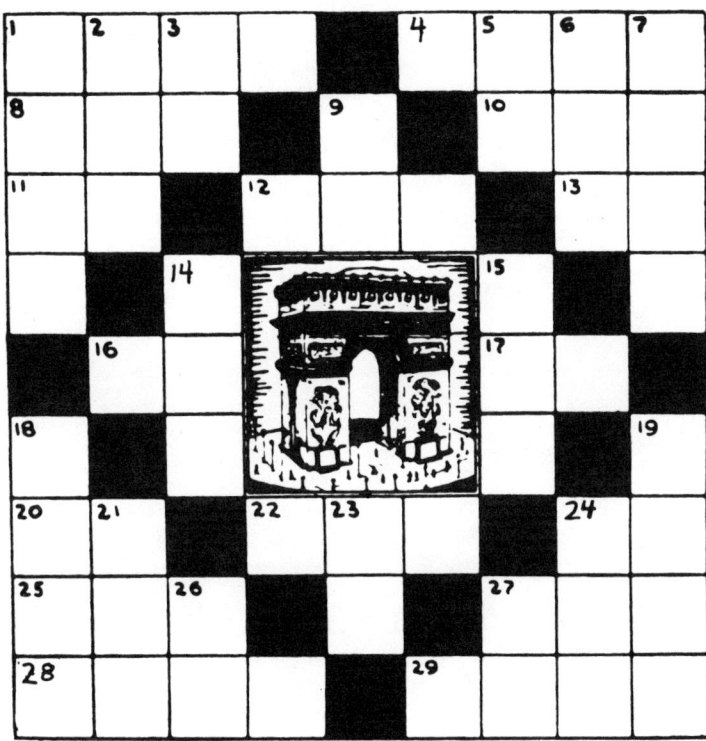

Across

1. Hand.
4. Rare.
8. Garlic.
10. Ground.
11. Infinitive ending.
12. Sea.
13. He.
16. If.
17. Year.
20. Or.
22. On.
24. Here.
25. One.
27. Wheat.
28. Head.
29. Which.

Down

1. But.
2. Air.
3. He.
5. (You) have.
6. King.
7. She.
9. I.
14. Life.
15. Low.
18. All.
19. Sky.
21. An.
23. One.
24. Key.
26. And.
27. Past participle of *to drink*.

©NTC Publishing Group

7. L'APOTRE

Across

1. Seven.
3. Kind.
8. Desert.
9. House.
12. If.
13. Open.
14. Not much.
15. To ruminate.
16. To mix.
18. Case (for glasses or cigarettes).
19. Creature.
21. Gray.
23. Movies.

Down

1. One of the Apostles.
2. Pepper.
3. To feel, or to smell.
4. Bone.
5. To respect.
6. To sort, to pick.
7. And.
8. (They) sleep.
10. To the.
11. Alone.
16. Thanks.
17. Son.
18. Erg.
20. Age.
22. He.

8. LA CROIX

Across

1. August.
4. To kill.
8. Pea.
10. Dwarf.
12. Street.
13. Foolish.
15. Ending of *posture*.
16. And.
17. To miss, to fail in.
19. Past participle of *to have*.
20. Beak, bill.
21. Plural of *his*.
23. Stem of verb *to wash*.
24. For, because.
26. Salt.
28. Tick (of a clock).
30. He.
32. Rivet.
34. My (f. sing.).
35. Water.
37. Null, void.
38. My (plural).
39. To laugh.
41. Blade.
42. Tooth.
43. Bay.

Down

1. A month.
2. Goose.
3. Usage, ways.
5. A, an.
6. Water.
7. To laugh.
8. Ready.
9. Soon.
11. New.
13. Sack, bag.
14. Your (pl.).
17. To dream.
18. Story.
20. Stocking.
22. Sack, bag.
25. To deny.
27. Flax.
28. Such, like.
29. Shaved.
31. Ugly.
33. Sight, view.
34. Same, even.
36. Ending of *confiture*.
38. A month.
40. In, into, at.
41. The.

9. A TABLE

Across

2. Apartment.
5. State.
8. Slow.
9. You.
11. Past participle of *to drink*.
13. In.
14. Year.
15. The.
16. Oneself.

Down

1. To seat.
2. Age.
3. Soon.
4. Chairs.
6. Three.
7. Table.
8. Lamp.
9. Such.
10. One.
11. Low.
12. A.

©NTC Publishing Group

10. LA GUILLOTINE

Across

1. Rose.
4. Dear.
8. Haste.
9. And.
11. With.
12. Sea.
13. Born.
14. Bed.
15. Into.
16. Summers.
18. East.
19. Third person plural ending of a verb in present tense.
20. Known.
22. Beak.
24. Year.
25. Cry.
26. Rank or order.
27. A continent.

Down

1. To pick up.
2. Third person plural, present tense of verb ôter.
3. (I) serve.
5. Sunburnt.
6. (He) avoids.
7. To stretch again.
9. In.
10. (To) you.
15. Thimble.
17. Abbreviation for Saint.
20. His or hers.
21. One.
23. That (contraction).
25. Here.

11. LE RECTANGLE

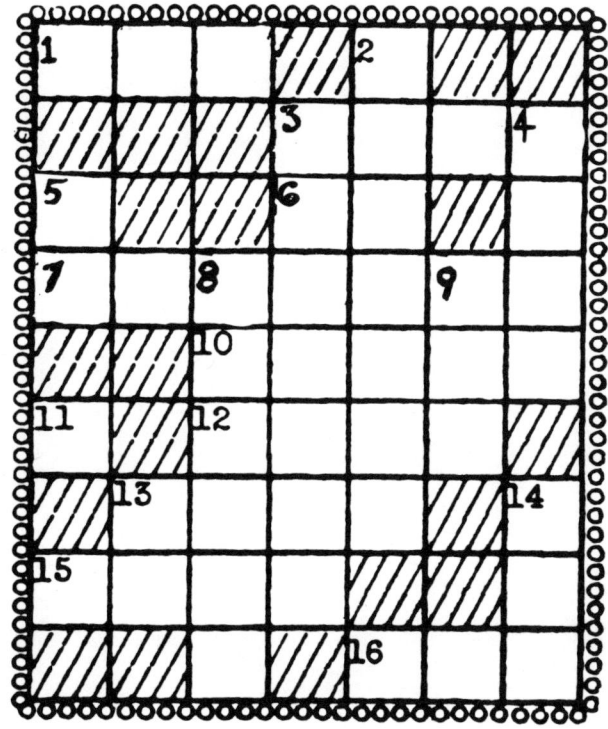

Across

1. South.
3. Port.
6. Where.
7. Insult.
10. To have.
11. (She) has.
12. To see.
13. Black.
15. Leather.
16. Neck.

Down

2. To want.
3. To be able.
4. To kill.
5. If.
8. To know.
9. Shooting.
13. Naked.
14. Soft.

Ce dessin de Mots Croisés a été entièrement fait à la machine à écrire. Essayez d'en faire autant.

©NTC Publishing Group

12. LE DROMADAIRE

Across

2. Heads.
6. States.
8. Soft.
10. Cup.
12. (He) will dance.
14. Read (past part.).
16. (He) will assure.
18. Name.
20. Scream.
22. This.
23. His (pl.).
24. One.
25. I.

Down

1. Essential.
2. (To) you.
3. And.
4. Your.
5. And.
7. Hunchback.
8. Capital of department of *la Sarthe*. Le ____ .
9. To use; to wear out.
10. Heap.
11. Era; epoch.
12. Lady.
13. Arcs.
15. One.
17. 119.6 square yards.
19. Occasion.
21. Woman's name.

13. QU'EST-CE QUE C'EST?

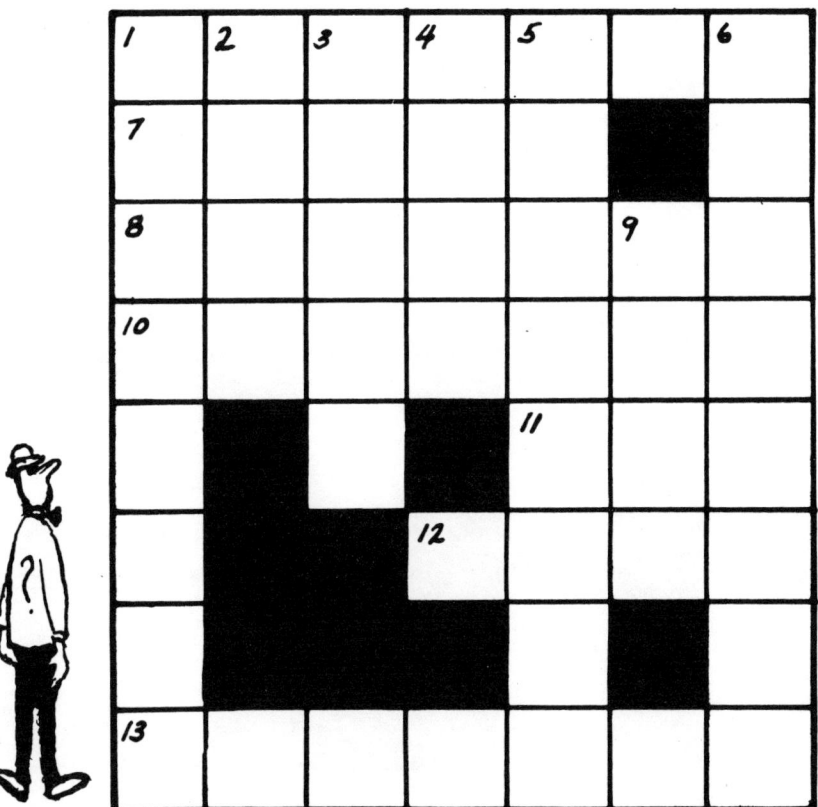

Across

1. February.
7. Trump.
8. Breaking.
10. To flunk.
11. (She) will go.
12. Challenge.
13. Selfish.

Down

1. Factory.
2. To be.
3. Here is.
4. (He) used cunning methods (passé simple).
5. Italians.
6. Retreat.
9. Nerve.

©NTC Publishing Group

14. LES GRANDS HOMMES

Across

3. Famous French chemist and biologist (1822-1895) who discovered the vaccine for rabies.
7. Famous French author (1622-1673) whose real name was Jean-Baptiste Poquelin.
8. Friend.
9. Lawsuit.
12. Eight.
14. To be passionately fond of.
15. To heal.

Down

1. To make dirty, to soil.
2. Sight.
3. A former president of France (1969-74).
4. If.
5. Yourself, to you.
6. Mistake, error.
7. My.
10. Darling.
11. If.
13. Roof.

15. ABSTRACTION

Across

1. Sea.
4. To wash.
8. (He) wore out (passé simple).
9. United.
10. His.
12. Friday.
14. Thank you.
15. And.
16. Me.
17. To make tender, to soften.

Down

1. Wall.
2. (You) are.
3. To shave.
4. Monday.
5. Year.
6. Quickly.
7. To recite.
11. Uncle.
12. Green.
13. Half.

16. LES ROIS DE FRANCE

Across

1. Good.
3. The.
6. To the.
7. High (f.).
9. Far.
10. How.
12. A cold.
13. Goose.
14. Salt.
16. Juice.
17. Wing.

Down

1. Low.
2. Where.
3. Moon.
4. And.
5. Seven.
7. Man.
8. (I) love.
9. Name of several kings of France.
10. Cabbage.
11. Christmas.
14. If.
15. The.

17. LE CHATEAU FORT

Across

2. (They) have.
3. Seen.
4. Dog.
8. To sing.
10. (I) have.
11. Zeal.
12. (He will) say.
14. You.
16. Bone.
17. Widow.
18. Old (f.).
19. For.
20. He.
21. All.
22. Tower.

Down

1. Toy.
3. Wine.
4. Chair.
5. To hate.
6. Nose.
7. To rain.
9. Dream.
12. Finger.
13. Wings.
15. Alone.
17. Wind.

18. LE VITRAIL

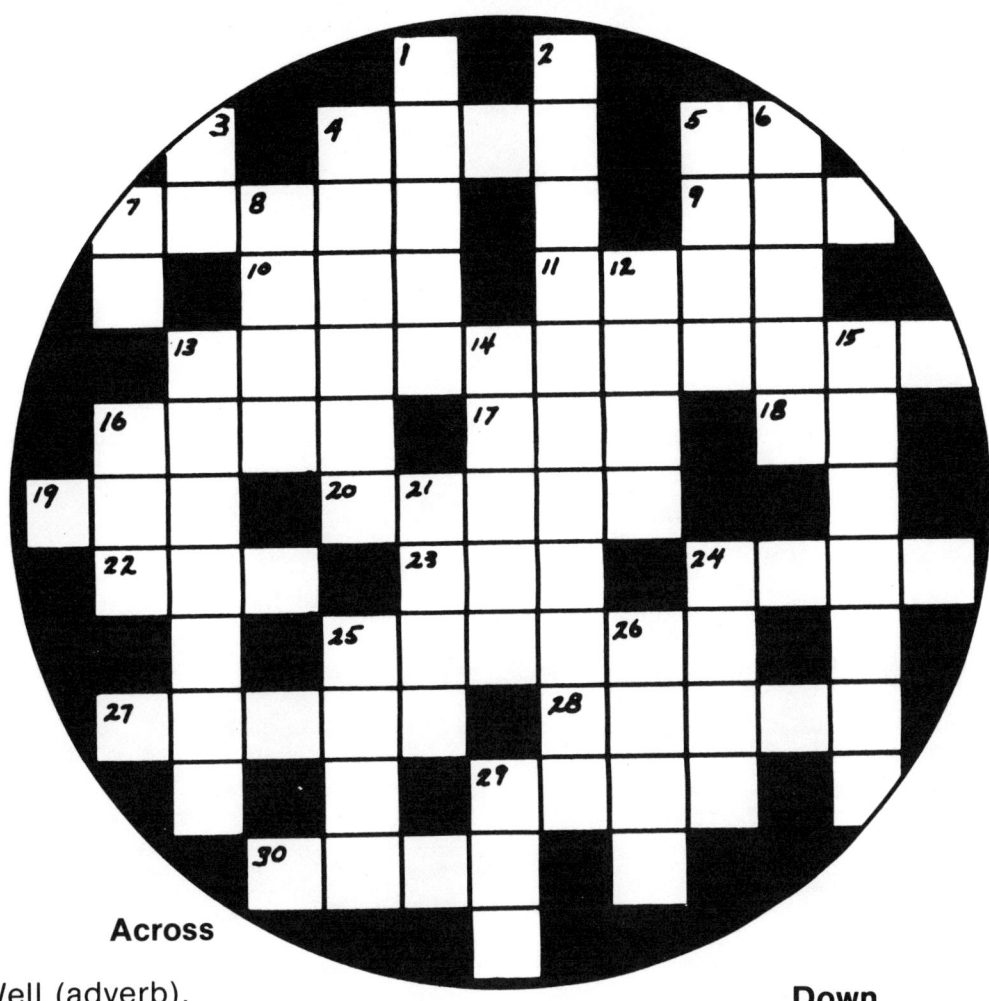

Across

4. Well (adverb).
5. There.
7. Soap.
9. Garlic.
10. Era.
11. Silk.
13. Ingratitude.
16. Brown.
17. Past participle of *to put*.
18. The.
19. Because.
20. Froth.
22. Six.
23. (She) dared (passé simple).
24. Round.
25. Devil.
27. Melon.
28. Book.
29. Feast.
30. Case (for glasses or cigarettes).

Down

1. Dinner.
2. Invaluable.
3. (He) goes.
4. One-eyed.
5. Milk.
6. Grandfather.
7. Known.
8. (He has) come.
12. River running into the Seine.
13. To irritate.
14. (He) amused (passé simple).
15. Last.
16. Stocking.
21. Corner.
24. Dream.
25. (He) sleeps.
26. Beds.
29. End.

©NTC Publishing Group

19. LE COCHON ASSIS

Across

2. Your.
4. Nothing.
6. What many old men lose.
8. To hear.
9. An unlucky number.
11. What you try to stay on when driving.
12. For.
13. Known (f.).

Down

1. It's hot and makes you sneeze.
2. A number.
3. Word placed before a married lady's maiden name.
5. Without any clothes.
6. It beats.
7. A number from one to ten.
9. What a girl might find in her stocking.
10. It's round.
12. What you add at the end of a letter.

20. LA CHIENNE

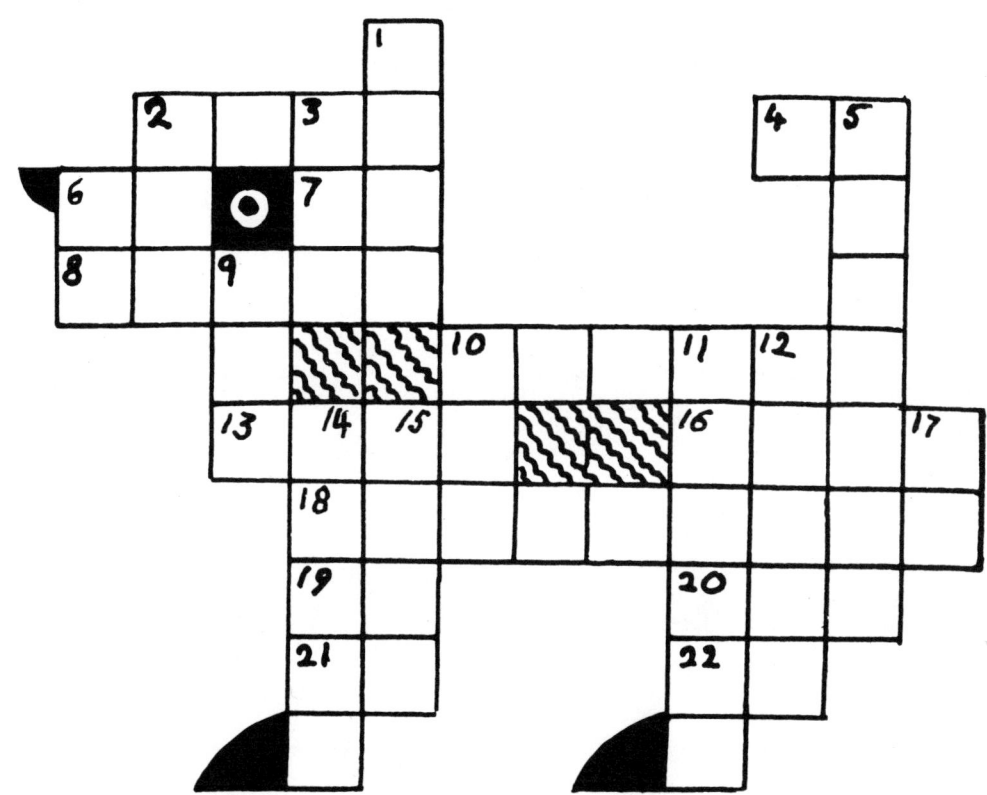

Across

2. Head.
4. Dialect spoken in southern France. *La langue d'* ____ .
6. Me.
7. Gold.
8. Sitting down.
10. Run over.
13. Slow.
16. Bill of fare.
18. Idioms.
19. The, in French.
20. Killed.
21. The, in Spanish.
22. He.

Down

1. Verse; or towards; or worms.
2. Your.
3. You.
5. Female dog.
6. My.
9. Salt.
10. And so forth.
11. Friendship.
12. Capital of Korea.
14. They.
15. Christmas.
17. The United States.

©NTC Publishing Group

21. LA SPIRALE

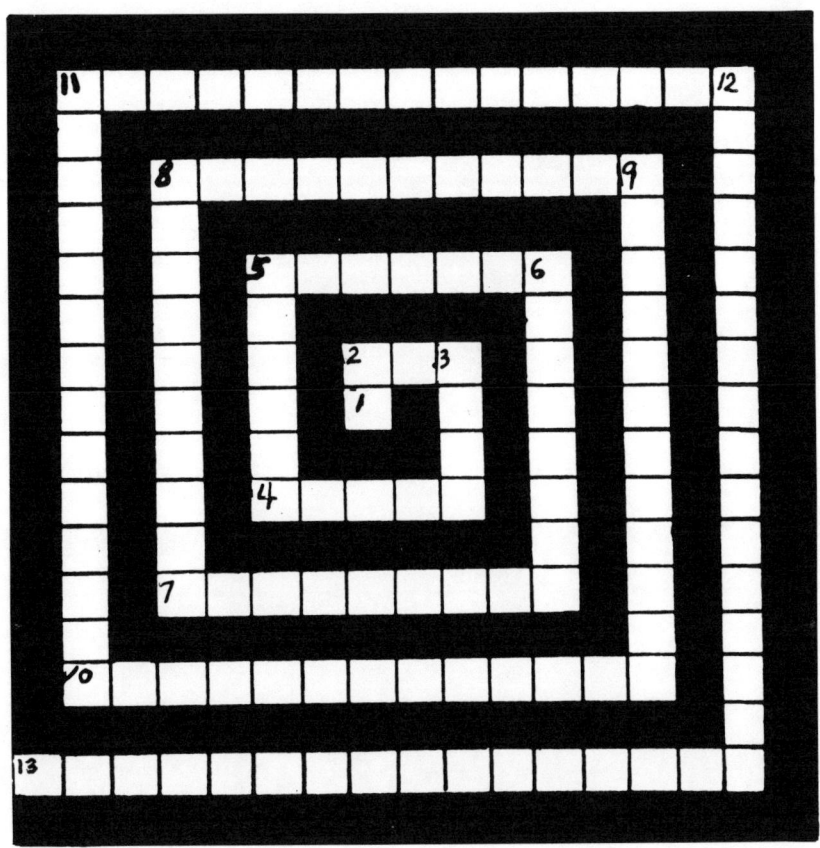

Across

1. To.
2. Shooting.
4. Sequel.
5. Snake.
7. Snails.
8. Cleaning.
10. Salespersons.
11. Amusements.
13. Accidentally.

Down

2. Your.
3. Wheel.
5. Rooms.
6. Always.
8. Food.
9. Workers.
11. To disillusion.
12. Systematically.

22. L'AUTOMOBILE

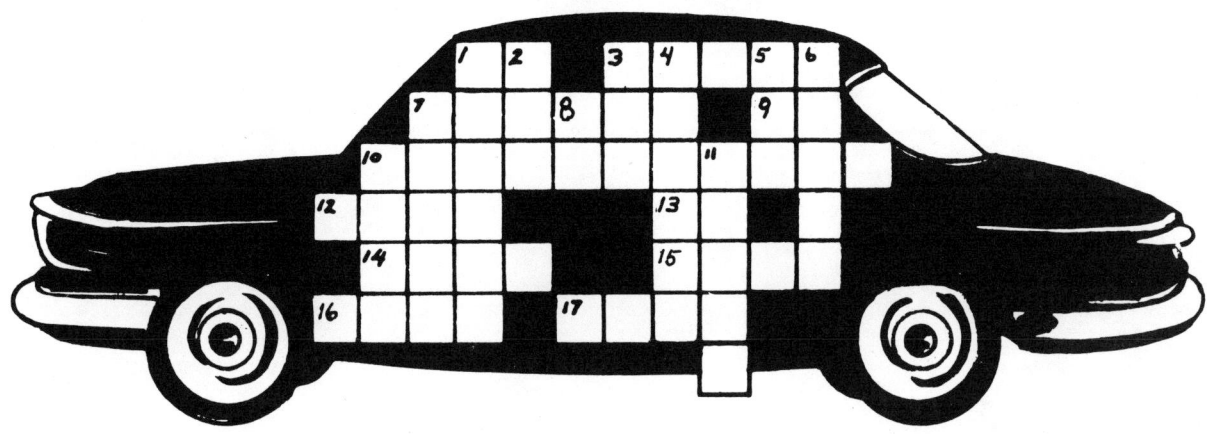

Across

1. Go.
3. Good-bye.
7. Spark plug.
9. Ace.
10. Crankshaft.
12. (He) emptied (passé simple).
13. Known.
14. Therefore.
15. Sex.
16. Slow.
17. Tire.

Down

1. Steering wheel.
2. German poet (3 vowels).
3. Air.
4. Goddess.
5. Water.
6. Factory.
7. Can (for gasoline).
8. Great Britain (abbreviation).
10. Empty.
11. Tail.

23. LE MACHIN

Across

1. River.
6. Never.
9. Some; of it; of them.
10. Love.
11. Art.
12. Road.
13. You (direct object).
14. Hard.
15. Bed.
16. Iris.
18. Page.
19. Orange flower water.
21. What you find in almost every grammar rule.

Down

1. It is necessary. // ____ .
2. To read.
3. (You) are.
4. Dizziness, vertigo.
5. Obstinate.
6. Garden.
7. In love.
8. To die.
15. Musical note.
17. Sole.
18. 3.1416
20. A number from one to ten.

©NTC Publishing Group

24. FRANÇAIS-ANGLAIS

The words given in this crosssword puzzle are the same in both languages, but have entirely different meanings in English and in French. It is therefore two crossword puzzles (A & B) in one.

For puzzle A: give the translations in French of the words listed in column A.

For puzzle B: Give the translations in English of the words listed in column B.

ACROSS

A

1. Gold.
2. Dirty.
5. His.
6. Bread.
7. Yew tree.
9. Serious.
10. Street.

B

1. Ou.
2. Vente.
5. Fils.
6. Douleur.
7. Si.
9. Tombe.
10. Regretter.

DOWN

2. Sound.
3. Year.
4. The builder of a tower.
5. Monkey.
6. For.
8. Because.

2. Fils.
3. Un.
4. Tour à Paris.
5. Brûler, roussir.
6. Verser.
8. Voiture.

©NTC Publishing Group

25. LE HUIT

Horizontalement

1. Ce qu'on fait dans une cheminée.
3. Le nombre d'années que vous avez vécues.
5. Mots qui servent à désigner des personnes, des animaux ou des choses.
8. Adverbe de négation qui est ordinairement accompagné du mot *pas*.
10. Le féminin de *son*.
11. Forme du verbe *avoir* au présent.
12. Et cetera.
13. Même mot qu'au No 2 verticalement, mais au féminin.
14. Pronom personnel, de la deuxième personne.
15. Pronom personnel, de la première personne.
17. Dans.
18. Sur quoi on met son chapeau.
20. H_2O.
21. Mort d'une manière violente.

Verticalement

1. Par où entrent l'air et la lumière dans une pièce.
2. Huit et deux moins neuf.
3. Carte à jouer marquée d'un seul point.
4. Liquide qu'on met dans le réservoir des automobiles.
6. Ce qu'aiment beaucoup les chiens.
7. Le féminin de *mon*.
9. Une saison.
11. Le père d'une mule.
15. Pronom personnel qui, en anglais, s'écrit avec une majuscule.
16. Le mot français pour *and*.
18. Participe passé du verbe *(se) taire*.
19. En espagnol, ce mot est *y*.

©NTC Publishing Group

26. LA POUPEE

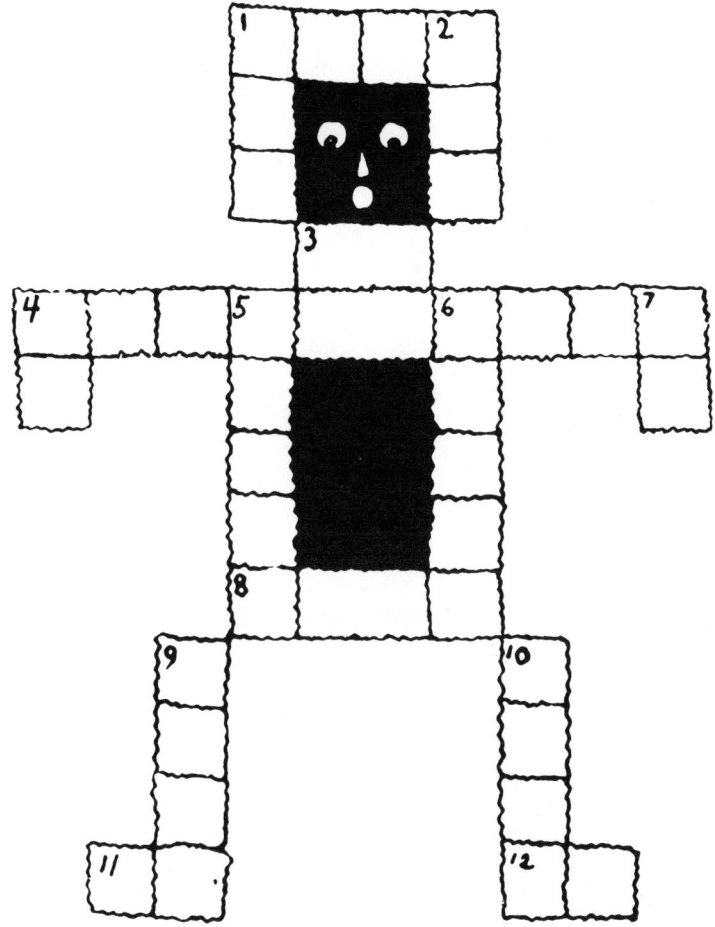

Horizontalement

1. Pronom indéfini signifiant *quelque chose, peu de chose,* ou *aucune chose.*
4. Ancienne province de France, dont la capitale est Rouen.
8. La première femme.
11. 365 jours.
12. Article contracté pour *de le*.

Verticalement

1. Grain blanc que l'on mange.
2. L'organe de l'odorat.
3. Adjectif possessif.
4. Sans vêtements.
5. Dix fois cent.
6. Fille du frère ou de la sœur.
7. Conjonction.
9. Partie du corps humain qui s'étend depuis le poignet jusqu'à l'extrémité des doigts.
10. L'extrémité de la jambe.

27. LE CHIEN

Horizontalement

1. En cas que.
2. Réponse négative.
5. Nombre de femmes qu'ont la plupart des hommes.
6. Participe passé du verbe *naître*.
8. Ce qui vous passe par la tête.
10. Partie dure et solide qui forme la charpente du corps de l'homme et des animaux vertébrés.
11. Pronom personnel.
12. Forme du verbe *être*.
13. Article.
14. Article contracté pour *de le*.
16. Pronom indéfini.
17. Pronom de la troisième personne.

Verticalement

2. Espace de temps pendant lequel le soleil est sous notre horizon.
3. Flot, soulèvement de l'eau agitée.
4. Participe passé du verbe *naître*, au féminin.
6. Le 25 décembre.
7. Avoir fait un effort.
9. Figurer sa pensée au moyen de caractères convenues.
14. Partie du chameau où se trouve sa bosse.
15. Article.

28. LE MECHANT LOUP

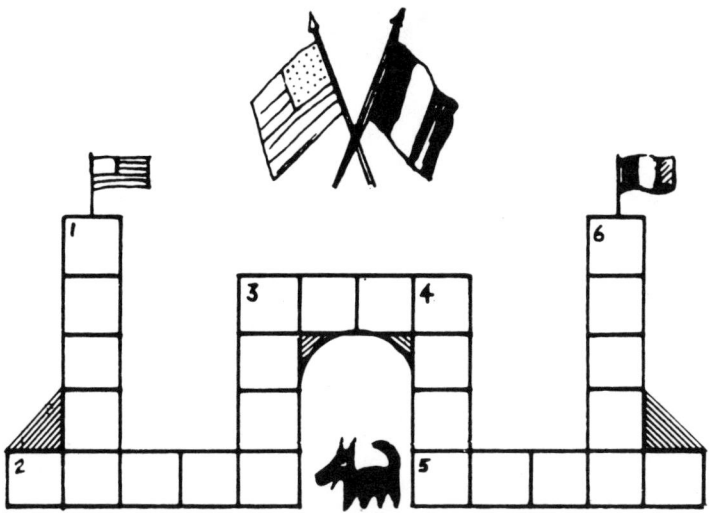

This crossword puzzle works both in French and in English. It is really two crossword puzzles in one.

You can first do it in English.

Across

2. A fruit.
3. He is BIG and BAD.
5. We have these in our mouth.

Down

1. A fruit.
3. What you do to the dishes after a meal.
4. Part of the leg on which people walk and stand.
6. This is anything but long.

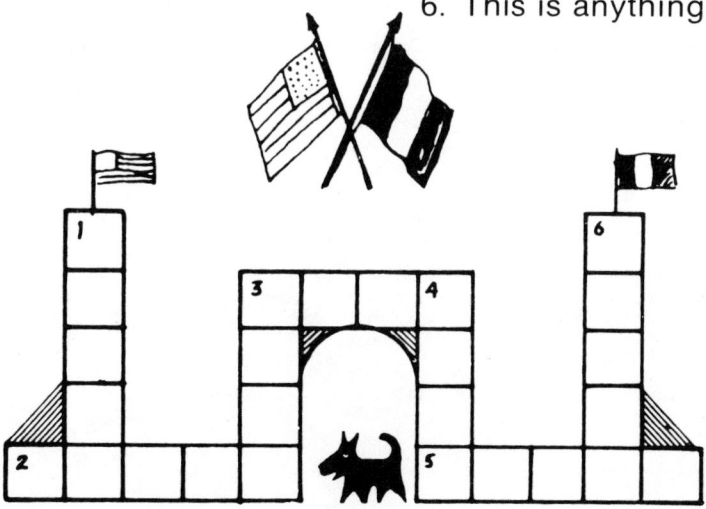

Now, translate these words into French and you have another crossword puzzle.

29. POUR LES CHIMISTES

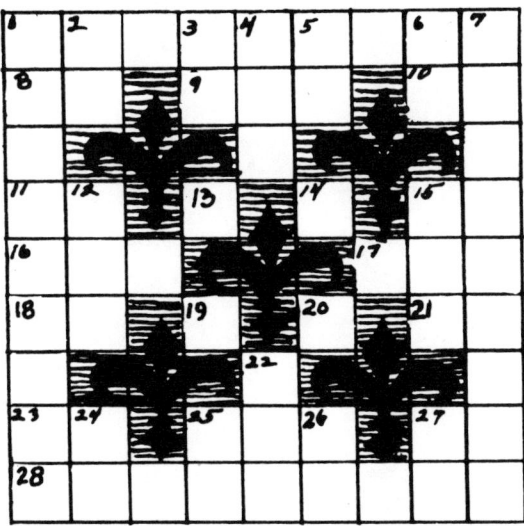

Horizontalement

1. Déterminer la place de.
8. Symbole chimique de l'europium.
9. Sans valeur.
10. Le féminin de *son*.
11. Le féminin de *ton*.
13. Symbole chimique de l'hydrogène.
14. Symbole chimique du carbone.
15. L'affirmation *oui*, en réponse à une négation.
16. La première femme, d'après la Bible.
17. Signal de détresse.
18. Moi.
19. Symbole chimique de l'oxygène.
20. Symbole chimique du phosphore.
21. Comment nous appelons les Etats-Unis, en anglais.
23. L'abréviation de *numéro*.
25. Le contraire de *non*.
27. Pronom personnel qui désigne les gens en général.
28. Acte par lequel un droit est transféré d'une personne à une autre.

Verticalement

1. Avec lenteur.
2. Mot qui indique une alternative.
3. Période de temps.
4. Pronom personnel de la troisième personne.
5. Pronom personnel de la troisième personne.
6. Forme du verbe *être*.
7. Beau, joli; qui charme l'esprit.
12. *Je vous salue,* en latin.
15. Ancienne pièce de monnaie valant la vingtième partie du franc.
22. Liquide obtenu d'une chose par pression.
24. Elément dont le symbole chimique est Au.
25. Pronom qui désigne d'une manière vague une ou plusieurs personnes.
26. Arbre à feuillage persistant, souvent cultivé, mais poussant dans les montagnes calcaires. Il peut atteindre 15 mètres de haut et vivre plusieurs siècles.
27. Métal.

30. MONSIEUR

Horizontalement

1. Conjonction qui sert à lier les parties d'un discours.
3. Article ou pronom personnel au masculin singulier.
5. Adjectif décrivant une personne qui se sert de ruses.
6. Conjonction qui sert à lier les parties d'un discours.
7. Première personne, présent, du verbe *raccommoder*.
10. Pronom réfléchi de la troisième personne des deux genres et des deux nombres.
11. Préposition signifiant *dans*.
12. Conjonction qui sert à lier les parties d'un discours.
13. Pièces de vaisselle dans laquelle on sert des boissons chaudes.
15. Mammifère plus petit que le cheval, ayant de longues oreilles.
16. Espace de terre entouré d'eau.

Verticalement

1. Participe passé du verbe *élire* au féminin singulier.
2. Actes authentiques par lesquels on déclare ses dernières volontés.
4. Le jour précédant immédiatement celui où on est.
8. Participe passé du verbe *oser* au féminin pluriel.
9. Pronom personnel féminin de la troisième personne, au singulier.
13. Sœur du père ou de la mère, ou femme de l'oncle.
14. Participe passé de *servir* au masculin singulier.

31. LA LOCOMOTIVE

Horizontalement

3. Visage.
5. Papier qui absorbe l'encre.
9. Apporter, conduire en menant.
10. Le premier mot de la devise de la République française.
13. Le deuxième mot de la devise de la République française.
14. Ce que l'on passe à travers une aiguille et qui sert à coudre.
16. Mettre la selle sur le dos d'un cheval.
17. Article au masculin.
18. Force physique, ou ce qu'ont les personnes qui ne sont pas paresseuses.

Verticalement

1. Lieu souterrain où l'on conserve le vin.
2. Celui qui a un ou plusieurs enfants.
3. Ce qui sort de la cheminée d'une locomotive, ou d'une pipe.
4. Petit couteau de poche.
5. Frapper, donner des coups.
6. Comique, amusant.
7. Partie d'une plante qui s'élève de la terre et qui supporte les feuilles et les fleurs.
8. Jolie.
10. Article, au pluriel.
11. Où l'on danse.
12. Aucune chose.
15. Espace de terre entouré d'eau.

32. LE CHIEN SAVANT

Horizontalement

1. Premier mot que l'on dit le premier jour de l'année aux personnes qu'on rencontre, pour exprimer un souhait.
3. Deuxième mot que l'on dit le premier jour de l'année aux personnes qu'on rencontre, pour exprimer un souhait.
7. L'opposé de jeune.
8. Le verbe *créer,* au futur.
11. Le mot français pour *here.*
12. Le mot français pour *him.*
13. Pronom, forme familière.
14. Le mot français pour *and.*
16. Le mot français pour *the.*
18. Meuble sur lequel on dort la nuit.
20. Participe passé du verbe *lire.*
21. Pays dont l'ancien nom était La Perse.
22. Conjonction.
23. Dans le système des gnostiques, esprit émané de l'intelligence éternelle.
24. Négation.
25. Forme du verbe *rire,* au présent.
26. Pronom, forme familière.
27. Songe, ensemble d'idées et d'images qui se présentent à l'esprit durant le sommeil.

Verticalement

1. Personne qui a passé un examen de baccalauréat.
2. Le 25 décembre.
3. Forme du verbe *avoir,* au présent.
4. Petit mot qui accompagne le mot *pas.*
5. Période de temps entre le moment où le soleil se couche et se lève.
6. Très bon.
7. Forme du verbe *aller,* au présent.
9. *Lui,* au pluriel.
10. Participe passé du verbe *rire.*
15. Petite caisse dans un meuble qu'on peut ouvrir ou fermer.
17. Ecrivain; celui qui a écrit un livre.
19. Fille de votre grand-mère.

©NTC Publishing Group

33. LE POT DE FLEURS

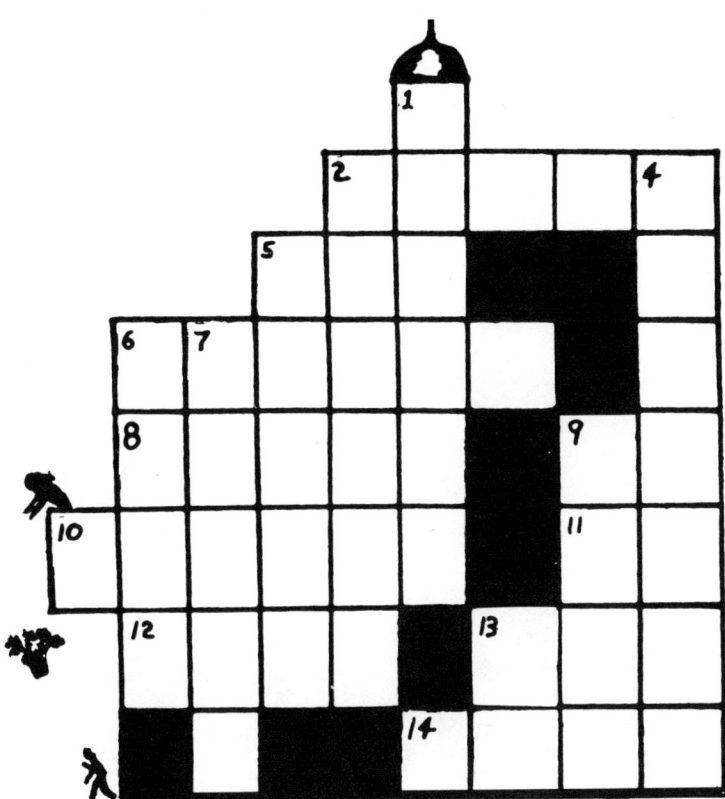

Horizontalement

2. La femme de l'oncle.
5. Petit océan.
6. Ce qu'est votre petite amie et comment vous l'appelez.
8. Cela paraît long quand on est en classe, et court quand on s'amuse. En réalité, c'est toujours de la même durée.
9. Une personne à qui on s'intéresse beaucoup.
10. Ce qu'il ne faut pas faire en classe quand le professeur vous a dit de ne pas parler.
11. Un métal précieux.
12. Le mot français pour *very*.
13. Ce qu'est un professeur qui n'est pas facile, ou un œuf qui est trop cuit.
14. Ce qui arrive à une femme qui tombe par la fenêtre du haut d'un trentième étage.

Verticalement

1. Prendre une épouse.
2. Il y en a de bonnes et de mauvaises: dans les bonnes, les légumes et les fleurs poussent bien.
4. Ce qu'on fait avec le corps d'une personne décédée.
5. Fleuve qui prend sa source en France dans le département de Haute-Marne et qui arrose la France, La Belgique et la Hollande. Ce fleuve passe à Verdun, Sedan, Mézières, Namur, Liège, Rotterdam, et se jette dans la mer du Nord.
6. Petit animal qui fait: *Miaou*.
7. Soixante minutes.
9. Partie de la figure sur laquelle les Français s'embrassent.
13. Contraction pour *de le*.

©NTC Publishing Group

34. LE COQ

Horizontalement

2. En cas que.
4. Autrement.
6. Pronom personnel.
8. Sans vêtements.
9. Celui qui préside.
15. Dans.
16. Forcé de garder le lit.
17. Pronom personnel.
18. La moitié de deux.
19. Conjonction.
20. Ce qu'on donne à un chien.
22. Nom propre correspondant à *Ralph.*
24. Article.
25. Ce qu'aime un chien.
27. Instrument de musique en forme de spirale.
28. Article.
29. Contraire de *non.*
30. Pronom.
32. Verbe *rire* au subjonctif.
33. En cas que.
34. Participe passé du verbe *boire.*
36. Nom propre correspondant à *Stephen.*

Verticalement

1. Petit d'une poule.
3. Petite île de la Méditerranée, à 2 kilomètres de Marseille.
5. Elancées, menues.
7. Commerce du lunetier.
9. Participe passé du verbe *pouvoir.*
10. Féminin de *son.*
11. Terre entourée d'eau.
12. Présent du verbe *dire.*
13. Conjonction.
14. Négation.
18. Fit usage.
20. Métal précieux.
21. Participe passé de *savoir.*
23. Nom propre.
24. Nom propre.
26. Membre compris entre le genou et le pied.
27. Instrument de musique.
31. Meuble sur lequel on dort.
35. Un centième de cent.

©NTC Publishing Group

35. LE CHAMEAU

Horizontalement

2. Les choses auxquelles il faut faire attention en français: il y a des ____ aigus, des ____ graves et des ____ circonflexes.
8. Animal que représente ce dessin de mots croisés.
9. Agréable, qui captive le cœur.
10. Les oiseaux ____ .
11. Certifier, assurer la réalité d'une chose.

Verticalement

1. Les compagnes des hommes.
2. Acquisition à prix d'argent.
3. Chanson.
4. Ce qu'on regarde pour apprendre la géographie, ou pour aller quelque part.
5. Rien, ce qui n'existe point.
6. Sœur de votre père ou de votre mère.
7. Verbe *savoir* au passé simple, troisième personne du singulier.
9. Animal qui miaule.

36. ARMOIRIES DE FRANCE

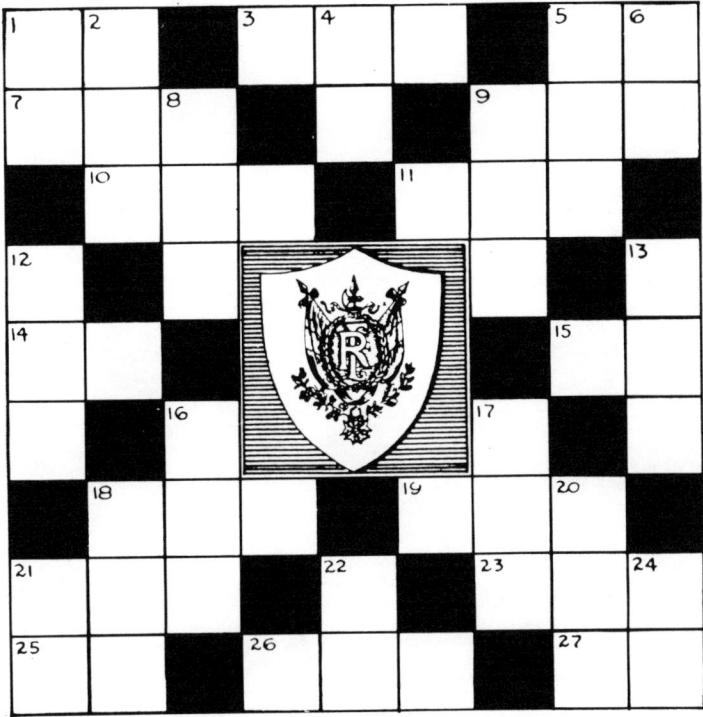

Horizontalement

1. Etui de métal pour protéger le doigt qui pousse l'aiguille.
3. Partie de la figure.
5. Avalé (dit d'un liquide).
7. Fit usage.
9. Monceau.
10. Action de tirer.
11. Existai.
14. Terminaison de verbe.
15. Adjectif possessif.
18. Chaleur et lumière produites par la combustion de certains corps, tels que le bois, le charbon, etc.
19. *Ce* devant une voyelle.
21. Meuble sur lequel on se couche.
23. Une préposition.
25. Carte à jouer marquée d'un seul point.
26. Le métier de l'artiste.
27. Possède.

Verticalement

1. Participe passé de *devoir*.
2. Existe.
4. Conjonction.
5. Vêtement qui sert à couvrir la jambe et le pied.
6. Usages.
8. Plante d'une odeur très forte.
9. Garda le silence. Se _____ .
12. 3e personne de *rire*.
13. Longue pièce de bois qui sert à supporter la voilure d'un navire.
16. Propre.
17. Adjectif démonstratif.
18. Créai.
20. Ota la vie.
21. En cet endroit.
22. Un métal précieux.
24. Participe passé de *rire*.

37. LA CARTE

Horizontalement

2. Le contraire de mouillé.
5. Substance du corps humain, très dure. (Ce qu'on se casse quand on joue au football.)
7. Personne qui compose de la musique.
11. Première lumière du jour.
12. Fêter un événement.
14. Un continent.
15. Un autre continet.
21. Propre, sans tache, clair.
22. Qui n'est pas vêtu.
23. Il habite au _____ de chaussée.

Verticalement

1. Carte à jouer, qui vaut plus que le roi.
3. Organe très important. Lorsqu'il cesse de battre, on est mort.
4. Vêtement que portent les femmes.
6. Participe passé du verbe *savoir*.
8. Adjectif possessif.
9. Petite bête qui ennuie les chiens.
10. Substance qu'on met dans une salière.
13. Saison de l'année.
15. Temps que la terre met à faire le tour du soleil.
16. Où l'on trouve beaucoup de sel.
17. Participe passé du verbe *être*.
18. Elle, au masculin.
19. Racine cubique de 1.
20. Participe passé du verbe *avoir*.

38. SYMETRIE

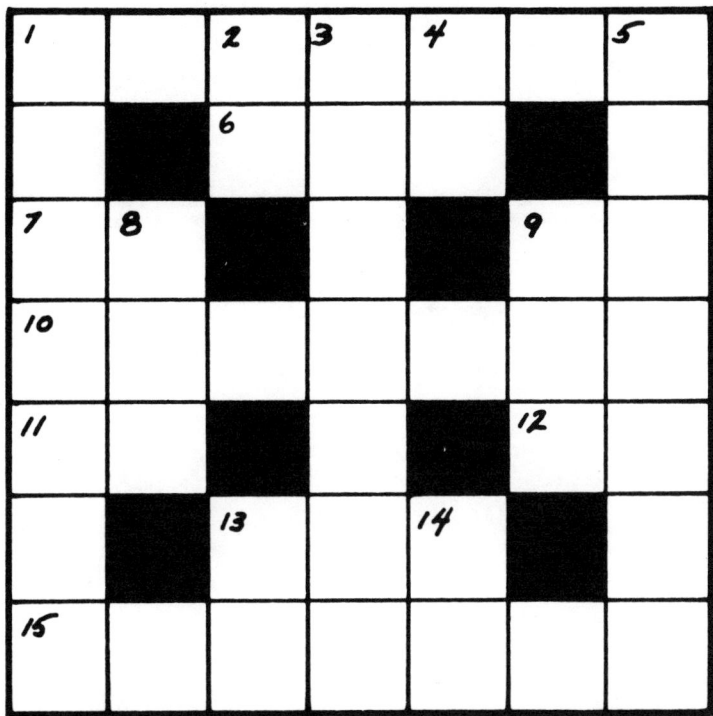

Horizontalement

1. Ce qu'on ouvre quand il fait chaud et ferme quand il fait froid.
6. Du 21 ou 22 juin au 22 ou 23 septembre.
7. Pronom indéfini désignant d'une manière vague une ou plusieurs personnes.
9. Métal dont se servent les dentistes.
10. Ce qu'on aime à avoir dans son porte-monnaie.
11. Douze mois.
12. Il n'y a pas de serpents ____ Irlande.
13. 100 mètres carrés.
15. Le mot français pour *gasoline*.

Verticalement

1. Ceux de Gruyère, de Camembert, de Roquefort et de Chester sont fameux.
2. Adverbe de négation qui est ordinairement accompagné des mots *pas, point* ou *rien.*
3. Donner plus de surface, plus de volume.
4. Pronom personnel de la deuxième personne du singulier.
5. Présent fait à l'occasion du premier jour de l'an
8. Le contraire de *oui.*
9. Gros oiseau domestique. Ces oiseaux sauvèrent Rome en prévenant par leurs cris Manlius et les Romains de l'escalade nocturne des Gaulois.
13. Le verbe *avoir,* au présent, deuxième personne du singulier.
14. Dans.

39. RIEN DU TOUT

Horizontalement

1. Animal qui va au pas, trotte et galope.
6. Lieu où il y a des arbres.
7. "____ le nez de Cléopâtre eût été plus court, il aurait changé la face du monde."
8. Mot qui sert à indiquer l'adresse de beaucoup de personnes qui n'habitent pas sur une avenue.
10. A la suite (préposition).
11. Un jour de la semaine.
13. D'une dimension verticale considérable.
14. Liquide que l'on met dans le réservoir des automobiles.

Verticalement

1. Un ____ de pied, ou un ____ de poing; un ____ de fusil, ou un ____ d'Etat.
2. Jour qui précède aujourd'hui.
3. Forme du verbe *être*, au présent.
4. Forme du verbe *avoir*, au présent.
5. Personne qui vend des livres.
6. Partie de l'arbe sur laquelle poussent les feuilles.
9. Sorti, né de. (Ce mot-là est difficile.)
11. Sauce.
12. Une saison.

40. LE PARAPLUIE

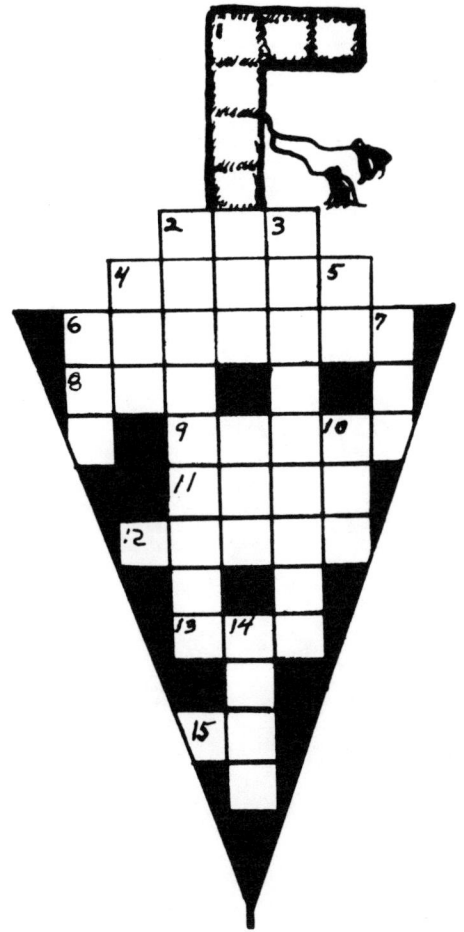

Horizontalement

1. Le mari d'une reine.
2. Participe passé du verbe *plaire,* ou du verbe *pleuvoir.*
4. Ce qu'on se lave très souvent. Nous en avons deux et les Français s'en servent pour s'exprimer.
6. Sûr.
8. Le verbe *aller,* au futur, troisième personne.
9. Participe passé du verbe *prendre,* au féminin.
11. Partie d'un couteau qui coupe.
12. Ce qu'on porte quand on va à la chasse, ou à la guerre.
13. La femme d'Adam. Elle aimait beaucoup les pommes.
15. Année.

Verticalement

1. Rend plein.
2. Ce que représente ce dessin. C'est très utile quand il pleut.
3. Accord complet des opinions ou des suffrages.
4. Immense lac salé.
5. A condition que.
6. Poil des paupières.
7. Venue au monde, lorsque c'est une fille.
10. Substance blanche, très salée.
14. Ce qui fait marcher les bateaux à voile et certains moulins, et fait envoler les chapeaux. On n'aime pas l'avoir contre soi quand on est à bicyclette.

©NTC Publishing Group

41. LE CHATEAU

Horizontalement

3. Lieu où habite le fermier.
6. Chose que l'on porte sur la tête.
7. Forme du verbe *aller*.
8. Titre de noblesse, inférieur à celui de duchesse, et supérieur à celui de comtesse.
11. Mot signifiant *tout le monde*.
12. Réponse donnée à une personne qui vous demande si vous aimez les dimanches.
13. C'est chaud et cela brûle.
14. Abréviation pour *Notre-Seigneur*.
15. Accomplir une action.
17. Substance blanche extraite de la mer, ou de mines.
18. Combat au sabre, à l'épée ou au revolver entre deux adversaires.

Verticalement

1. Où on prend le train.
2. Le contraire de *malheureuse*.
3. Note de musique.
4. Se marier.
5. Habitations.
6. Habitation seigneuriale ou royale.
9. Une couleur.
10. *Que,* devant une voyelle.
16. Pronom personnel, masculin.

42. LE ROCHAMBEAU

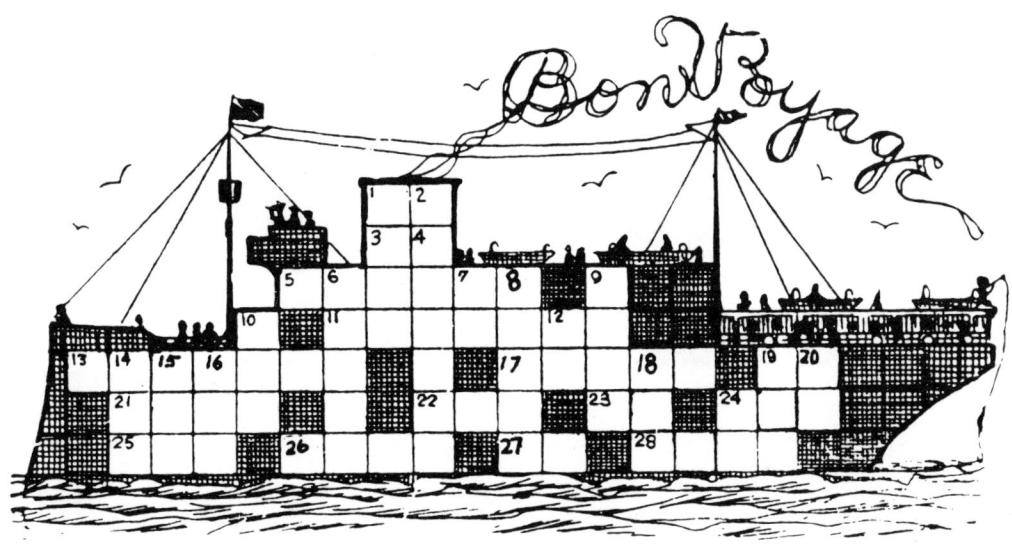

Horizontalement

1. Participe passé du verbe *pouvoir.*
3. Espace de temps.
5. Participe présent du verbe *voir.*
11. Pauvreté, misère.
13. Etat d'une place, d'une charge qui n'est pas occupée.
17. Fruit à noyau, dont on tire une huile.
19. Le contraire de *Viens!*
21. Une parente très proche.
22. Un mois.
23. Un article.
24. Partie du corps du cheval sur laquelle on s'assoit.
25. Côté de l'horizon où le soleil se lève.
26. Morceau de métal plat et très mince.
27. Conjonction exprimant le doute.
28. Chemins bordés de maisons, dans les villes.

Verticalement

1. Ce que fait une personne une fois qu'elle a choisi un objet qu'elle va acheter.
2. Quand tout le monde est du même avis.
6. Pièce chantée.
7. Qui n'est pas vêtu.
8. Un nombre.
9. Organe de la vue.
10. Un nombre au féminin.
12. Pronom de la troisième personne.
14. Ce qui se sépare du corps après la mort.
15. Adjectif démonstratif, au pluriel.
16. Le métier de l'artiste.
18. Petit animal qui ressemble au serpent.
19. Mot signifiant: *Qui sont à vous.*
20. Carte à jouer marquée d'un seul point.
24. Particule honorifique qui précède la plupart des noms nobles.

©NTC Publishing Group

43. L'OEUF

Horizontalement

1. Comment on commence une lettre lorsqu'on écrit à un ami.
4. Quand il fait du vent et que cette chose s'envole, on court après, et les autres personnes rient.
8. Habitations seigneuriales ou royales.
9. Participe présent d'un verbe exprimant de l'affection.
10. Ce qu'on trouve dans le fromage de Gruyère, et quelquefois dans ses chaussettes si personne ne les raccommode.

Verticalement

1. Dedans. Maître de _____ , (ou maître de la maison).
2. L'opposé de *bas*.
3. Le pluriel de *lui*.
4. Femelle du chat.
5. L'opposé d'aimer.
6. Masse d'air qui environne la Terre. (Mot de 10 lettres.)
7. Membrane qui recouvre le corps de l'homme et de beaucoup d'animaux.

44. LE CHIEN QUI PRIE

Horizontalement

1. Ce qu'on souhaite à ses amis le Jour de l'An (deux mots).
9. Personne qui ne voit pas.
10. *Six* en chiffres romains.
11. Habiter, prendre un logement.
12. Ce qui commence le 1er janvier.
13. L'histoire qu'elle a ____ (verbe *lire*).
14. Je ____ sais pas.
15. ____ ou ne pas être.
16. Métal précieux dont se servent les dentistes.
17. Ce qui n'est pas mou est ____.
18. Grand lac salé.
19. Mon oncle est le frère de ____ mère.
21. Terre entourée d'eau.
22. Instrument de jardin avec lequel on ratisse les feuilles mortes.

Verticalement

1. Parler excessivement de choses frivoles.
2. Qui concerne les moutons.
3. Il ____ faut pas rouler à plus de 60 miles à l'heure.
4. Une chose qui n'a pas de mérite ou de valeur. Elle est ____ en français.
5. Partie d'un système de canalisation.
6. Capitale de l'Algérie.
7. Venue au monde, lorsque c'est une fille.
8. Mettre sous terre.
14. Le 25 décembre.
18. Note de musique.
19. *Mon* au féminin.
20. Je vais ____ cinéma.

45. LA FEMME DE NAPOLEON III

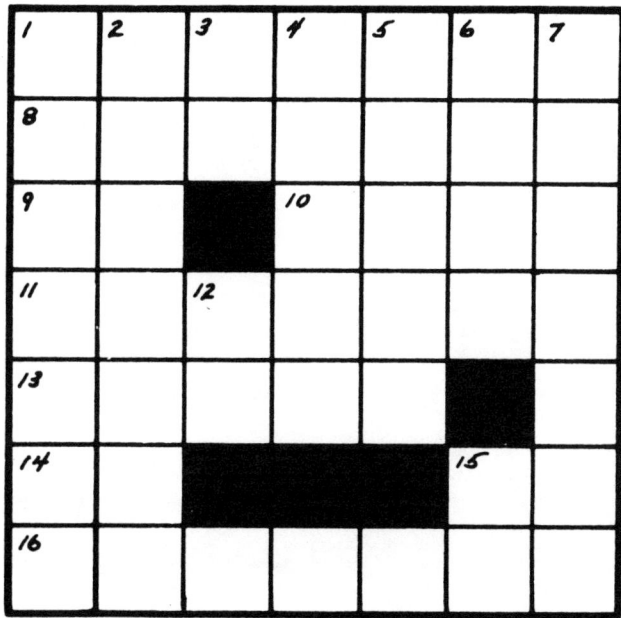

Horizontalement

1. Un mois.
8. Ouvrit de nouveau.
9. *Avoir* (participe passé).
10. Moyen de transport.
11. Une nationalité.
13. Faire tort à.
14. Note de musique.
15. Pronom personnel.
16. Femme de Napoléon III.

Verticalement

1. L'organe d'ouie.
2. Instrument qui coupe.
3. Pronom personnel.
4. Qui a la forme d'un œuf.
5. Imbiber une étoffe de vapeur pour l'assouplir.
6. Cérémonial ou ensemble de règles qui se pratiquent dans une religion.
7. Frappée de surprise.
12. Une carte à jouer.
15. Note de musique.

46. LE TAUREAU

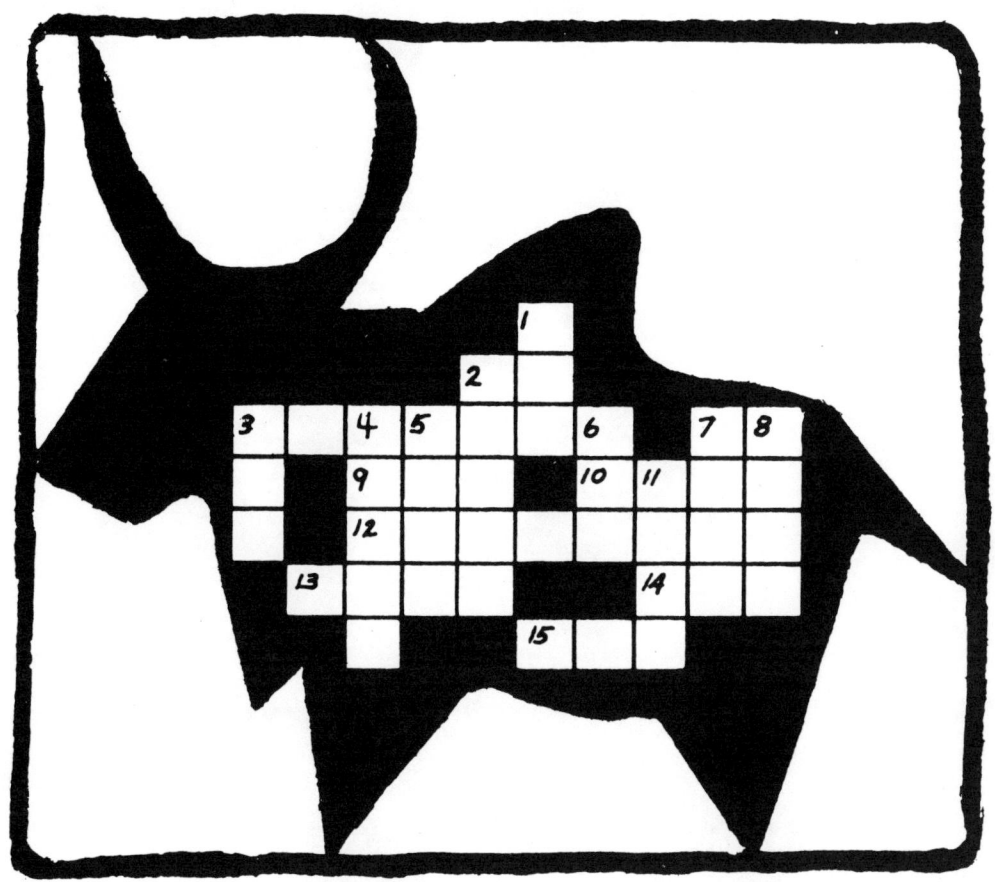

Horizontalement

2. Pronom employé lorsqu'on parle à son frère.
3. Un mois.
7. 3,1416.
9. C'est dans l'atmosphère.
10. Le verbe français pour *to dare*.
12. Femme qui vend de la crème, du beurre et du fromage.
13. Mot qui précède généralement le mot *ami,* lorsqu'on écrit à un ami pour qui on a de l'affection.
14. Celui du visage de Cyrano de Bergerac était très long.
15. Ce n'est pas haut.

Verticalement

1. Faculté de voir.
2. L'opposé de *pousser.*
3. Qui a perdu la raison.
4. Femelle du taureau.
5. Le contraire de *pleurer.*
6. Chef d'Etat en Suède, en Grèce, au Maroc et en Arabie Saoudite.
7. Homme qui a des enfants.
8. Forme du verbe *aller,* au futur.
11. On en a cinq: la vue, l'audition, la sensibilité, le goût et l'odorat.

47. LE CHEVAL

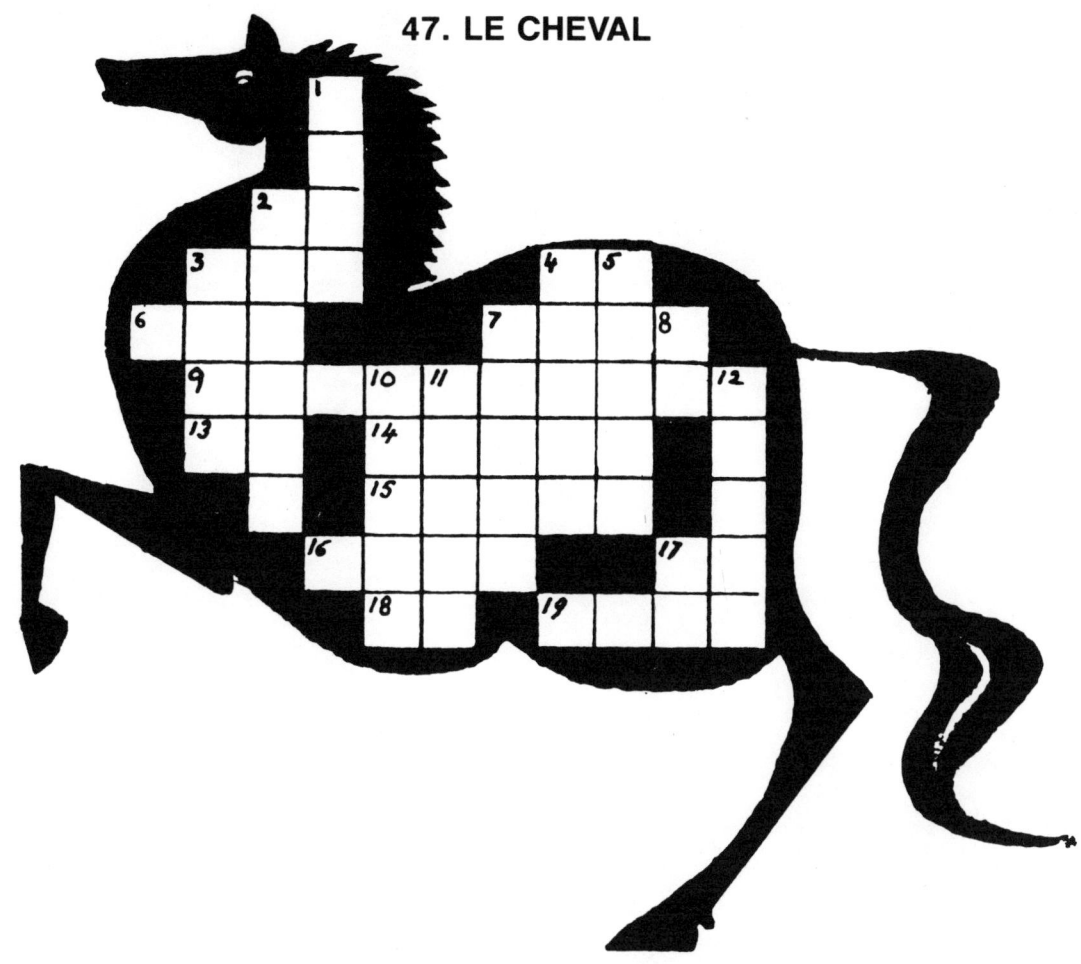

Horizontalement

2. Adjectif démonstratif.
3. Partie du corps qui va des épaules à la ceinture.
4. Abréviation pour le nom de Jésus-Christ.
6. Partie du corps qui va de la tête aux épaules.
7. L'opposé du sud.
9. Pas régulier.
13. Oui, affirmatif.
14. Substance avec laquelle on écrit sur le tableau noir.
15. Etre en un état de rage.
16. Bord d'une rivière.
17. Je ____ sais pas.
18. Tu ____ laves les dents.
19. Dernière partie du jour.

Verticalement

1. C'est ____ facile.
2. Marcher très vite.
3. Présent du verbe *devoir*.
4. Quand une jeune fille n'est pas laide, on dit qu'elle est ____ .
5. Parler très haut.
7. Ce qui est suspendu dans l'atmosphère et donne la pluie.
8. Préposition qui marque l'origine.
10. Toute chose écrite.
11. Sérieux; ou nom d'un accent.
12. Penser en dormant.
17. C'est ni bon ____ mauvais.

©NTC Publishing Group

48. L'ESCALIER

Horizontalement

1. Participe passé du verbe *rire*.
2. Pronom personnel de la deuxième personne.
3. Comment on commence une lettre lorsqu'on écrit à un ami.
4. Substance sucrée que produisent les abeilles.
5. Le contraire de *toujours*.
7. Ce que l'on ouvre quand il fait chaud et ferme quand il fait froid.
8. Extrémité; fin.
9. Une couleur.
10. Charge pesante.
11. Famille anglaise, qui, de 1485 à 1603, donna cinq souverains à l'Angleterre.
12. Gardez dans la mémoire.
13. Note de musique.

Verticalement

1. Elire de nouveau.
2. Lieu où l'on représente des pièces.
3. Haut d'un arbre ou d'une montagne.
4. Ce que l'on met par-dessus ses vêtements avant de sortir quand il fait froid.
5. L'opposé de *vieux*.
6. Soi, à soi.
7. Décharge électrique accompagnée d'explosion se produisant lorsqu'il y a un orage.
8. Titre de noblesse, au-dessous de celui de vicomte.
9. Pierre précieuse d'une couleur verdâtre.
10. Forme du verbe *être*.
11. Pronom personnel de la deuxième personne.

©NTC Publishing Group

NTC FRENCH TEXTS AND MATERIAL

Computer Software
French Basic Vocabulary Builder
 on Computer

Videocassette, Activity Book, and Instructor's Manual
VidéoPasseport—Français

Conversation Books
Conversational French
A vous de parler
Tour du monde francophone Series
 Visages du Québec
 Images d'Haïti
 Promenade dans Paris
 Zigzags en France
Getting Started in French
Parlons français

Puzzle and Word Game Books
Easy French Crossword Puzzles
Easy French Word Games
Easy French Grammar Puzzles
Easy French Vocabulary Games

Humor in French and English
French à la cartoon

Text/Audiocassette Learning Packages
Just Listen 'n Learn French
Just Listen 'n Learn French Plus
Sans Frontières 1, 2, 3
Practice & Improve Your French
Practice & Improve Your French Plus
How to Pronounce French Correctly

High-Interest Readers
Suspense en Europe Series
 Mort à Paris
 Crime sur la Côte d'Azur
 Évasion en Suisse
 Aventure à Bordeaux
 Mystère à Amboise
Les Aventures canadiennes Series
 Poursuite à Québec
 Mystère à Toronto
 Danger dans les Rocheuses
Monsieur Maurice Mystery Series
 L'affaire du cadavre vivant
 L'affaire des tableaux volés
 L'affaire des trois coupables
 L'affaire québécoise
 L'affaire de la Comtesse enragée

Les Aventures de Pierre et de
 Bernard Series
 Le collier africain
 Le crâne volé
 Les contrebandiers
 Le trésor des pirates
 Le Grand Prix
 Les assassins du Nord

Graded Readers
Petits contes sympathiques
Contes sympathiques

Adventure Stories
Les aventures de Michel et de Julien
Le trident de Neptune
L'araignée
La vallée propre
La drôle d'équipe Series
 La drôle d'équipe
 Les pique-niqueurs
 L'invasion de la Normandie
 Joyeux Noël
Uncle Charles Series
 Allons à Paris!
 Allons en Bretagne!

Intermediate Workbooks
Écrivons mieux!
French Verb Drills

Print Media Reader
En direct de la France

Duplicating Masters
The French Newspaper
The Magazine in French
French Verbs and Vocabulary Bingo
 Games
French Grammar Puzzles
French Culture Puzzles
French Word Games for Beginners
French Crossword Puzzles
French Word Games

Transparencies
Everyday Situations in French

Reference Books
French Verbs and Essentials of Grammar
Nice 'n Easy French Grammar
Guide to French Idioms
Guide to Correspondence in French

Bilingual Dictionaries
NTC's New College French and
 English Dictionary
NTC's Dictionary of *Faux Amis*

For further information or a current catalog, write:
National Textbook Company
a division of *NTC Publishing Group*
4255 West Touhy Avenue
Lincolnwood, Illinois 60646-1975 U.S.A.